Descubramos
NIGERIA

Jillian Powell

GARETH**STEVENS**
PUBLISHING
A Member of the WRC Media Family of Companies

Please visit our web site at: www.garethstevens.com
For a free color catalog describing Gareth Stevens Publishing's list
of high-quality books and multimedia programs, call 1-800-542-2595 (USA)
or 1-800-387-3178 (Canada). Gareth Stevens Publishing's fax: (414) 332-3567.

Library of Congress Cataloging-in-Publication Data

Powell, Jillian.
    [Looking at Nigeria. Spanish]
    Descubramos Nigeria / Jillian Powell.
       p. cm. — (Descubramos países del mundo)
    Includes index.
    ISBN-13: 978-0-8368-7956-8 (lib. bdg.)
    ISBN-13: 978-0-8368-7963-6 (softcover)
    1. Nigeria—Juvenile literature. I. Title.
    DT515.22.P6918   2007
    966.9—dc22   2006038216

This North American edition first published in 2007 by
Gareth Stevens Publishing
A Member of the WRC Media Family of Companies
330 West Olive Street, Suite 100
Milwaukee, Wisconsin 53212 USA

This U.S. edition copyright © 2007 by Gareth Stevens, Inc.
Original edition copyright © 2006 by Franklin Watts.
First published in Great Britain in 2006 by Franklin Watts,
338 Euston Road, London NW1 3BH, United Kingdom.

Series editor: Sarah Peutrill
Art director: Jonathan Hair
Designer: Rita Storey
Picture research: Diana Morris

Gareth Stevens editor: Dorothy L. Gibbs
Gareth Stevens art direction: Tammy West
Gareth Stevens graphic designer: Charlie Dahl

Spanish edition produced by A+ Media, Inc.
Editorial director: Julio Abreu
Chief translator: Adriana Rosado-Bonewitz
Associate editors: Janina Morgan, Carolyn Schildgen
Graphic design: Faith Weeks

Photo credits: (t=top, b=bottom, l=left, r=right, c=center)
Paul Almasy/Corbis: 22. Art Directors/TRIP: 4, 26tr. V. and M. Birley/Tropix: 16, 20t. Don Davis/Tropix: 7t, 27.
Eye Ubiquitous/Hutchison: 8, 10, 14. Werner Forman/Corbis: 18bl. Kerstin Geier/Gallo Images/Corbis: 19. Liz Gilbert/
Sygma/Corbis: 18tr. Martin Harvey/Still Pictures: 6. Ed Kashi/Corbis: 24. M. MacDonald/Tropix: 7b. James Marshall/
Corbis: 23b. Marcel Mettelsiefen/epa/Corbis: 9, 15. Giacomo Pirozzi/Panos: 12. Betty Press/Panos: 17, 20b. Jacob
Silberberg/Panos: 1, 11b, 23t. Superbild/A1 Pix: front cover, 11t, 25, 26bl. Liba Taylor/Corbis: 13, 21.

Every effort has been made to trace the copyright holders for the photos used in this book. The publisher apologizes,
in advance, for any unintentional omissions and would be pleased to insert the appropriate acknowledgements in any
subsequent edition of this publication.

Printed in Canada

1 2 3 4 5 6 7 8 9 10 10 09 08 07 06

Contenido

Las palabras definidas en el glosario están impresas en **negritas** la primera vez que aparecen en el texto.

¿Dónde está Nigeria?

Nigeria está en el occidente de África. Comparte fronteras con cuatro otros países africanos, y tiene un litoral en el golfo de Guinea, en el Océano Atlántico.

La capital de Nigeria es Abuja. Está en el centro del país. Abuja se convirtió en la capital de Nigeria en 1991, cuando las oficinas del gobierno se mudaron de Lagos a Abuja. Es la ciudad de crecimiento más rápido en África.

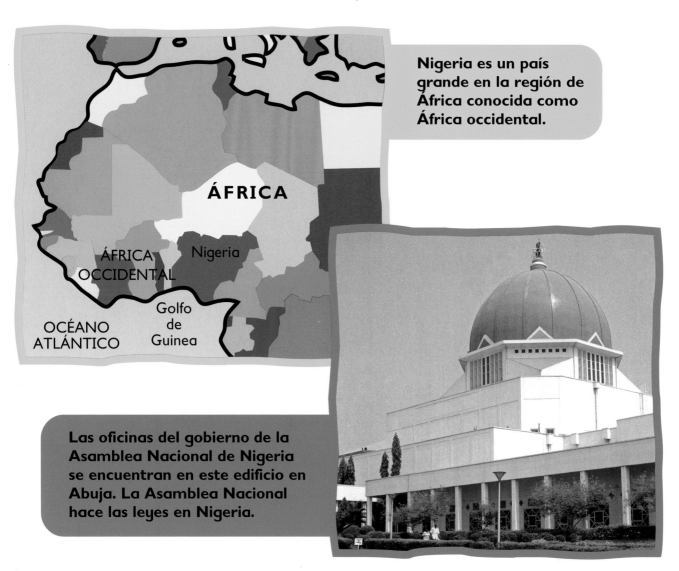

Nigeria es un país grande en la región de África conocida como África occidental.

ÁFRICA

ÁFRICA OCCIDENTAL

Nigeria

OCÉANO ATLÁNTICO

Golfo de Guinea

Las oficinas del gobierno de la Asamblea Nacional de Nigeria se encuentran en este edificio en Abuja. La Asamblea Nacional hace las leyes en Nigeria.

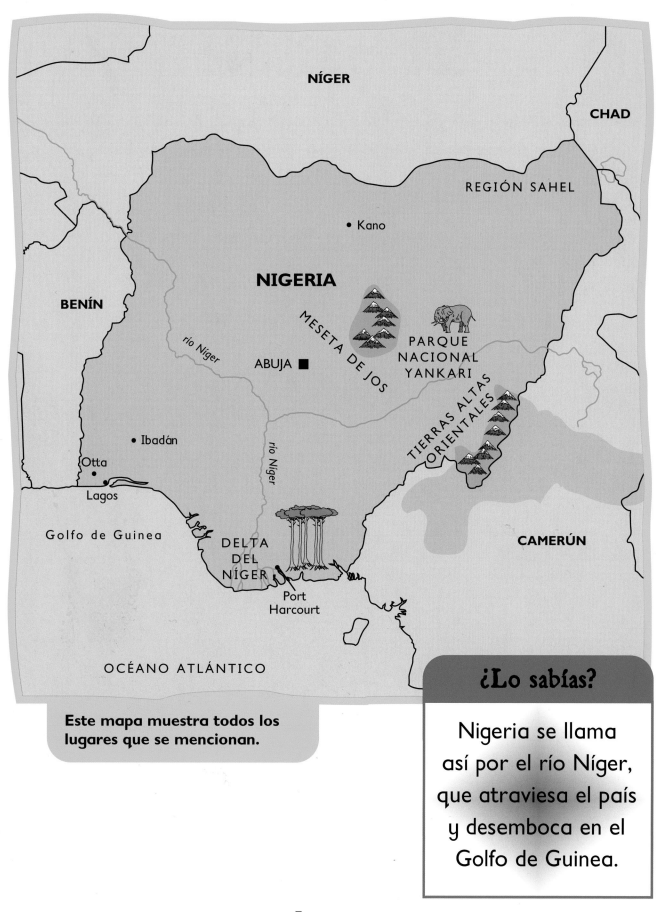

NÍGER

CHAD

REGIÓN SAHEL

• Kano

NIGERIA

BENÍN

MESETA DE JOS

PARQUE
NACIONAL
YANKARI

río Níger

ABUJA ■

TIERRAS ALTAS
ORIENTALES

• Ibadán

río Níger

Otta
•

Lagos

CAMERÚN

Golfo de Guinea

DELTA
DEL
NÍGER

Port
Harcourt

OCÉANO ATLÁNTICO

**Este mapa muestra todos los
lugares que se mencionan.**

¿Lo sabías?

Nigeria se llama
así por el río Níger,
que atraviesa el país
y desemboca en el
Golfo de Guinea.

El paisaje

La variedad de paisajes de Nigeria incluye las llanuras planas y cubiertas de hierba de la **sabana**, selvas **tropicales** espesas, y pantanos de agua salada. El país también tiene algunas montañas en la **meseta** de Jos, en Nigeria central, y en las tierras altas orientales, en la frontera con Camerún.

El paisaje en gran parte de Nigeria consta de sabanas.

Las tormentas de arena son frecuentes en la región noreste.

Los mangles crecen bien en la región del delta, en la costa sur de Nigeria.

En el lejano noreste, llamado la región Sahel, la tierra es seca y polvorienta. Esta región está en el borde del desierto de Sahara.

Los bosques de **mangle** pantanosos crecen a lo largo de la costa sur de Nigeria, cerca del **delta** del Níger.

¿Lo sabías?

Sahel es una palabra árabe que significa "frontera".

Clima y estaciones

Nigeria sólo tiene dos estaciones. La estación lluviosa dura desde abril hasta octubre. El resto del año es la estación seca. En el sur de Nigeria, el clima es tropical y hace calor todo el año.

En Nigeria central, el tiempo es caluroso y húmedo durante la estación lluviosa, pero más fresco y más seco durante la estación seca.

Las colinas y la altitud elevada del campo que rodea la roca Zuma, en Abuja, ayudan a mantener las temperaturas moderadas durante la estación seca.

Una sequía significa menos alimentos y menos agua. Las sociedades benéficas establecen lugares especiales donde puede obtenerse agua potable.

El tiempo más seco está en el norte, donde los días son calurosos y las noches son frías. Ahí, la estación lluviosa dura desde abril hasta septiembre. Cuando se retrasan las lluvias, puede haber **sequías**. Durante la temporada seca, entre diciembre y marzo, un fuerte viento llamado harmattan sopla desde el desierto de Sahara.

> **¿Lo sabías?**
>
> Casi la mitad de los nigerianos tiene problemas para obtener agua potable.

La gente de Nigeria

Nigeria es conocida como "el gigante de África" porque tiene más de 150 millones de habitantes. La **población** de Nigeria es más grande que la de cualquier otro país africano.

La población de Nigeria incluye más de 250 grupos, cada uno con sus **tradiciones**, lenguaje y religión propios. Los grupos principales son los hausas y los fulanis en el norte, los yorubas en el sudoeste, y los ibos en el sudeste.

Los fulanis pastorean vacas. Los animales les proporcionan carne y leche.

La religión es una parte importante de la vida en Nigeria. Casi todos los nigerianos son musulmanes o cristianos, pero algunos siguen religiones africanas nativas. En estas religiones, las personas veneran los espíritus de **antepasados** o a diversos dioses y diosas.

Este hombre está adornando un caballo blanco para una fiesta.

El canto forma parte de esta ceremonia de Navidad en una iglesia en Otta.

Escuela y familia

Los niños en Nigeria pasan 12 años en la escuela. Después, algunos van a universidades o escuelas de oficios. Hoy, en muchas escuelas y universidades nigerianas hay computadoras, de modo que sus estudiantes pueden aprender las habilidades necesarias para encontrar buenos empleos.

La mayoría de los niños nigerianos va a la escuela, pero aún hay unos 12 millones que no asisten. Tienen que trabajar para ayudar a ganar dinero para su familia.

Muchos alumnos de primaria en Nigeria se reúnen todas las mañanas para cantar.

Estos estudiantes nigerianos están aprendiendo la computación.

Muchas familias en Nigeria son grandes. Los padres a menudo tienen seis o siete hijos. Los niños son importantes en la vida de la familia. Para algunas familias nigerianas, tener muchos hijos significa más ayuda en los campos. Incluso los niños que van a la escuela ayudan en el hogar o en los campos después de clases y los días festivos.

¿Lo sabías?

En Nigeria, los niños por lo general, no reciben un nombre hasta ochos días después de nacer.

13

Vida rural

La mayoría de los nigerianos vive en el campo. A menudo, todos los parientes en una familia viven cerca de otros en el mismo pueblo. Las familias emparentadas viven en grupos de casas llamadas **recintos**. Desde padres y abuelos hasta tíos, tías e hijos, todos participan en la vida familiar.

Todas estas personas forman parte de una familia grande, y viven juntas en el mismo pueblo.

En un pueblo rural en Nigeria, la preparación de la comida a menudo empieza por machacar mandioca para hacer un tipo de harina. La mandioca es un tubérculo que crece bajo la tierra.

La mayoría de los hombres que viven en el campo trabaja en los campos alrededor del pueblo. Las mujeres cuidan de huertos, y de animales como cabras, pollos y cerdos. Las mujeres del pueblo también hacen toda la comida.

A veces, especialmente en el sur, las mujeres de los pueblos ganan dinero vendiendo verduras o tela en mercados. Algunos yorubas e ibos también hacen cerámica, máscaras y artesanías de cuentas o de metal para vender a los turistas en los mercados.

Vida urbana

Las ciudades de Nigeria están creciendo con rapidez porque muchos se han estado mudando del campo a las ciudades para trabajar. Las ciudades más grandes son Lagos, Kano e Ibadán. La capital, Abuja, es mucho más pequeña que otras ciudades, pero aún tiene muchas industrias, tiendas, hoteles y un aeropuerto internacional.

Las personas más ricas de las ciudades viven en casas detrás de murallas. Estas casas están en Port Harcourt.

Lagos, que era la capital de Nigeria antes de Abuja, tiene más de 12 millones de habitantes. Aunque Abuja ahora es la capital, Lagos todavía es un centro importante de negocios.

Esta calle de Lagos está llena de personas, autobuses y taxis.

Al igual que muchas ciudades grandes, Lagos tiene que enfrentar problemas, como tráfico, superpoblación y contaminación. Lagos también tiene otros problemas. Durante la temporada de lluvias, las calles a menudo se inundan, pero durante la temporada seca, no hay agua suficiente, y muchos habitantes tienen que comprarla.

¿Lo sabías?

Las ciudades de Nigeria son de las más crecientes en África.

Casas nigerianas

En ciudades nigerianas, muchas personas viven en grandes edificios de apartamentos. Sólo las personas más ricas tienen casas modernas. Los más pobres viven en **barrios de casuchas** pobremente construidas.

Estos edificios en Lagos son de apartamentos.

Esta casa de barro en Kano luce una escultura.

En la antigua ciudad de Kano, al norte de Nigeria, las casas son de ladrillos de barro, y están decoradas con pinturas. Las casas nuevas a menudo se construyen al estilo antiguo, pero son de concreto en lugar de barro.

Este niño nigeriano está enfrente de un silo donde se almacena grano. En un pueblo rural, los grupos de casas comparten un silo y un baño.

Muchas de las casas en los pueblos rurales se construyen con ladrillos de barro, arcilla, o madera, y tienen techo de palma, **paja** o caña. En la región pantanosa del delta, las casas se construyen altas sobre pilotes para evitar que se inunden. Las casas del pueblo no tienen electricidad, y el agua tiene que sacarse de un pozo.

¿Lo sabías?

Los ladrillos de barro mantienen las casas frescas de día, y calientes por la noche.

19

Comida nigeriana

La comida es una parte central de la vida familiar en Nigeria. Aunque las comidas rápidas se están haciendo populares, muchos nigerianos aún cocinan en su hogar para sus familiares y amigos, y compran alimentos como arroz, cereales, y especias en los mercados locales.

Muchas personas en ciudades y pueblos compran en tiendas de comida que dan descuentos.

Las mujeres y los niños del campo venden verduras en los mercados de la ciudad.

Arroz, maíz y muchos otros cereales se venden por peso en los mercados nigerianos.

¿Lo sabías?

La mandioca y los ñames tienen mucha vitamina C, que ayuda a evitar enfermedades.

La mandioca y los ñames son alimentos importantes en la cocina de Nigeria. Se hace harina que se usa para espesar sopas y guisados. Estos platos a menudo contienen pescado o carne de pollo, res o cabra. También comen verduras, en especial tomates, cebollas y pimientos, y muchas clases de frutas tropicales.

El trabajo

La mayoría de las personas en el campo trabaja en la agricultura o la pesca. Los granjeros tienen parcelas pequeñas donde cultivan lo suficiente para que sus familias coman y, a veces, un poco más para vender. En el sur, muchos trabajadores de granja tienen empleo en plantaciones grandes donde se cultiva cacao o frutos secos para vender a otros países.

En las ciudades, muchos trabajan en fábricas u oficinas o venden productos en los mercados. En las calles congestionadas, algunas personas van por las calles vendiendo productos.

**Este hombre trabaja en un mercado en Kano.
Está vendiendo tela de algodón nigeriano.**

22

Las personas que están en esta oficina trabajan en Lagos para un diario.

El petróleo y el gas natural son dos de las industrias más importantes de Nigeria. Otras industrias son el procesamiento de alimentos y la **manufactura** de cemento, plásticos, papel, **textiles** y medicinas.

Este trabajador está revisando **equipo** en una planta de gas natural al sur de Nigeria.

¿Lo sabías?

Nigeria es el productor más grande de petróleo en África, y el octavo en el mundo.

La diversión

Nigerianos de todas las edades disfrutan de ver y jugar deportes y juegos. El fútbol, el voleibol, la lucha y el boxeo son deportes populares en Nigeria. El ayo es un juego tradicional favorito que puede jugarse con objetos tan simples como semillas y vasos. A los niños de Nigeria les gusta jugar juegos de palmadas.

En casi todos los pueblos de Nigeria, hay un lugar para jugar fútbol. Estos niños están jugándolo cerca de una refinería de petróleo.

Este danzante de **mascarada** forma parte de una fiesta yoruba.

Durante todo el año, Nigeria tiene muchas fiestas pintorescas. Algunas son fiestas religiosas musulmanas o cristianas. En otras se honra a dioses africanos o antepasados africanos, o las cosechas o la pesca.

Los banquetes, los tambores y el baile forman parte de fiestas en Nigeria. Algunos danzantes de fiesta llevan trajes especiales y máscaras. En los festivales nigerianos, a menudo también hay combates de lucha o carreras de botes.

¿Lo sabías?

La música popular de África occidental se llama música "highlife". Es una música **jazzística**.

Nigeria: datos

- Nigeria es una **república federal.** También es miembro de la **Comunidad de Naciones.**

- El presidente es el jefe del gobierno.

- El país está dividido en 36 estados, y el área de la capital, Abuja, se llama Territorio Capital Federal.

La moneda de Nigeria se llama naira. Arriba se muestran billetes de 5, 10 y 50 nairas.

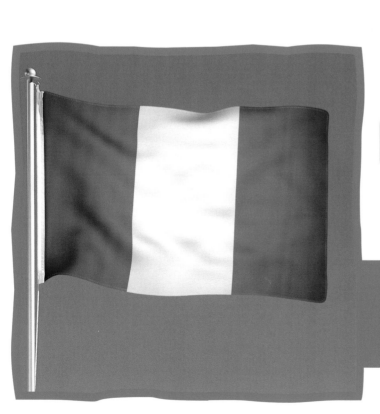

La bandera de Nigeria tiene una franja blanca en el centro, que simboliza la paz, con franjas verdes a cada lado.

Un elefante africano es uno de los muchos animales salvajes que se ven en el **Parque Nacional Yankari** en el este de Nigeria.

- Nigeria tiene ocho parques nacionales. Estos parques ayudan a proteger la tierra y los animales del país, y atraen a turistas.

- Cada año, el primero de octubre, los nigerianos recuerdan el día en que su país ganó la independencia de Gran Bretaña, en 1960. Este día, el presidente da un discurso, y en toda Nigeria, hay desfiles y celebraciones.

¿Lo sabías?

Hay una estacion de radio en cada estado nigeriano.

Glosario

altitud – la distancia o altura por arriba del nivel del mar

antepasados – miembros de la familia que vivieron en el pasado

barrios de casuchas – vecindades sucias donde muchísimos pobres viven en casas arruinadas

Comunidad de Naciones – un grupo de países independientes que alguna vez fueron gobernados por Gran Bretaña

delta – un área triangular de tierra formada por un río según se extiende y fluye hacia un mar o un océano

equipo – las máquinas y otras herramientas necesarias para hacer un trabajo para que algo funcione

jazzística – que tiene ritmos estilo jazz

mangle – un árbol tropical que crece en agua salada a lo largo de las costas, y que tiene raíces parecidas a zancas que crecen desde sus ramas

manufactura – el hacer algo en una fábrica

mascarada – uso de un disfraz o una máscara para parecer ser alguien o algo diferente

meseta – un área grande de terreno alto y plano

moderadas – no demasiado calientes ni demasiado frías

paja – material vegetal, como hierba o ramas, que se usa como una cubierta protectora

población – el número oficial de habitantes en un área

recintos – grupos de casas, a menudo construidas cerca una de otra en un área cercada, que comparten muchas instalaciones y recursos

república federal – una clase de gobierno en el cual las decisiones son tomadas por los habitantes de los estados y las regiones del país, y las personas por las cuales votan para que los representen

sabana – un área de prados sin árboles en una región tropical

sequías – períodos prolongados sin lluvia que son dañinos para las plantas y los animales en el área

textiles – materiales de hilos, telas o tejidos

tradiciones – las maneras de vivir y las creencias de ciertas personas que se han transmitido de generación en generación

tropicales – que describe las regiones húmedas y calientes de la tierra que está cerca del ecuador

Para más información

Kids Zone: Nigeria
www.afro.com/children/discover/nigeria/nigeria.html

Time for Kids: Nigeria
www.timeforkids.com/TFK/hh/goplaces/main/
    0,20344,1044380,00.html

ZoomSchool Africa: Africa's Geography
www.EnchantedLearning.com/school/Africa/Africamap.shtml

Nota del editor para educadores y padres: Nuestros editores han revisado cuidadosamente estos sitios Web para asegurarse de que son apropiados para niños. Sin embargo, muchos sitios Web cambian con frecuencia, y no podemos asegurar que el contenido futuro del sitio seguirá satisfaciendo nuestros estándares altos de calidad y valor educativo. Se le advierte que se debe supervisar estrechamente a los niños siempre que tengan acceso al Internet.

Mi mapa de Nigeria

Fotocopia o calca el mapa de la página 31. Después, escribe los nombres de los países, ciudades, extensiones de agua y zonas terrestres y parques que se listan a continuación. (Mira el mapa de la página 5 si necesitas ayuda.)

Después de escribir los nombres de todos los lugares, ¡colorea el mapa con crayones!

Países
Benín
Camerún
Chad
Níger
Nigeria

Ciudades
Abuja
Ibadán
Kano
Lagos
Otta
Port Harcourt

Extensiones de agua
Golfo de Guinea
Océano Atlántico
río Níger

Zonas terrestres y parques
Delta del Níger
Meseta de Jos
Parque Nacional Yankari
Región Sahel
Tierras altas orientales

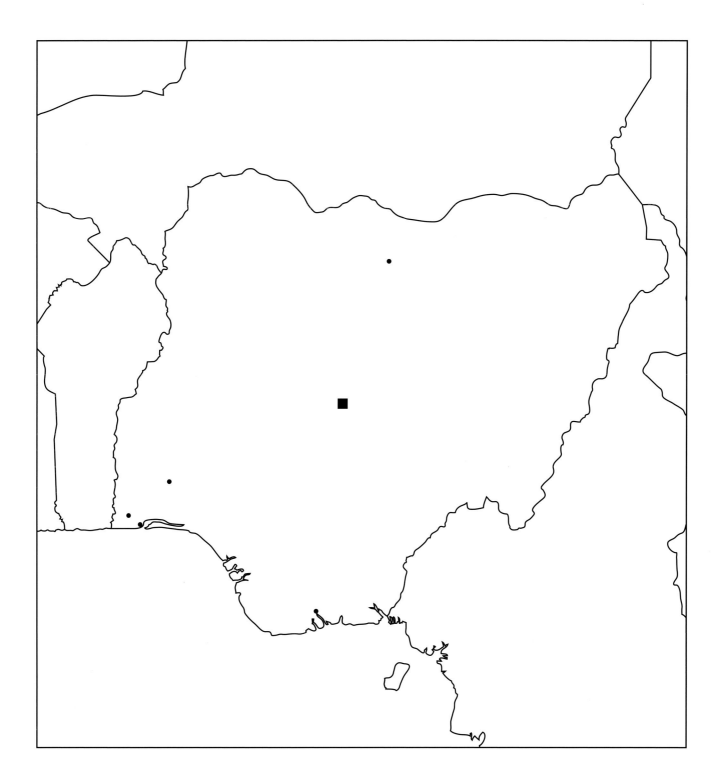

Índice